El pequeño libro del

Trabajo
de sombras

*Asumir tu sombra es un potente
acto de amor hacia ti mismo.*

El pequeño libro del
Trabajo
de sombras

RICHARD MARTYN

Título original: *The Little Book of Shadow Work*

Traducción: Blanca González Villegas

© 2024, Octopus Publishing Group Ltd. Richard Martyn ostenta el derecho moral a ser identificado como el autor de esta obra.

Publicado originalmente en Gran Bretaña en 2024 por Godsfield Press, un sello de Octopus Publishing Group Ltd.

Publicado por acuerdo con Octopus Publishing Group Ltd., Carmelite House, 50 Victoria Embankment, Londres EC4Y 0DZ, Inglaterra

De la presente edición en castellano:
© Distribuciones Alfaomega S.L., Gaia Ediciones, 2024
Alquimia, 6 - 28933 Móstoles (Madrid) - España
Tel.: 91 617 08 67
www.grupogaia.es
E-mail: grupogaia@grupogaia.es

Primera edición: abril de 2025

Depósito legal: M-20.127-2024
I.S.B.N.: 978-84-1108-155-9

Impreso en China

Agradecimientos:

A Jan Winter, por su estímulo y su habilidosa edición.

A Rod Boothroyd, por su ayuda y sus consejos, sobre todo con los ejercicios.

A Marianne Hill, por su apoyo y por todo lo que me ha enseñado a lo largo de estos años.

A mis hijos, Alan y Beccy, por su amor y su apoyo.

MIXTO
Papel | Apoyando la silvicultura responsable
FSC® C144853

Índice

6   Introducción

8   **Conoce tu sombra**

26   **Trabaja con tu sombra**

40   **Conoce a tu Niño**
        y a tu Adulto interiores

54   **Explora tu tristeza y tu pena**

62   **Comprende tu ira**

72   **Explora tus miedos y ansiedades**

84   **Encuentra la alegría**
        en tu Sombra Dorada

93   Conclusión

95   Lecturas complementarias
        y fuentes de consulta

Introducción

El trabajo de sombras es un potente y transformador método de *coaching* de vida y de asesoramiento, capaz de favorecer el crecimiento y el cambio profundos. Todo aquel que esté buscando la manera de resolver conflictos personales puede recurrir a este método para sanar sus heridas emocionales y superar sus patrones negativos de conducta y sentimiento.

Las técnicas y ejercicios que aparecen en este libro provienen, con sus correspondientes adaptaciones, de los procesos que utilizamos con nuestros clientes en la comunidad de trabajo de sombras. Dichas técnicas y ejercicios te ofrecen una exploración inicial de tu sombra y una forma de empezar o continuar con tu crecimiento personal. El trabajo de sombras resulta muy eficaz cuando está dirigido por un terapeuta cualificado y te encuentras protegido en un espacio seguro en el que puedes explorar territorios vulnerables y complicados.

Si sufres algún trauma o algún problema mental concreto que pueda provocarte dificultades con los ejercicios de este libro, te pido que actúes de manera amable y compasiva contigo mismo y que busques ayuda y apoyo profesional.

La historia del trabajo de sombras

El trabajo de sombras hunde sus raíces en los descubrimientos del psiquiatra suizo Carl Jung, realizados a principios del siglo xx. Jung introdujo el concepto de «sombra» para explicar cómo nuestra mente inconsciente alberga las partes de nuestra personalidad que reprimimos o negamos. Ciertos personajes influyentes, como el poeta Robert Bly, exploraron más a fondo el significado de este concepto y la importancia de reconocer e integrar esas partes de nuestra personalidad que permanecen ocultas. Con el tiempo, este método, basado tanto en la psicología moderna como en la sabiduría ancestral, se ha ido convirtiendo en una herramienta cada vez más popular y potente, capaz de ayudarnos a descubrirnos a nosotros mismos y de fomentar nuestro crecimiento personal.

Conoce
tu sombra

*Todo el mundo alberga
sombras. Forman parte
de la vida.*

¿Qué es la sombra?

Cuando hablamos de la sombra, nos estamos refiriendo a nuestra mente inconsciente, esa parte de nosotros que no está presente en nuestra conciencia. En psicología, este término hace referencia a esos aspectos de nosotros mismos que ignoramos, negamos o reprimimos.

Nacemos en este mundo como individuos completos, con todos los recursos y las capacidades necesarias para sobrevivir y prosperar, pero aún sin experiencia ni conocimientos. Desde ese primer día, mientras vamos creciendo, aprendiendo, experimentando y desarrollándonos, empezamos a poblar nuestra sombra con lecciones que hemos interiorizado, formadas por creencias acerca de nosotros mismos y del lugar que ocupamos en nuestra familia, nuestra sociedad y nuestra cultura. Esta información, a su vez, influye sobre la manera en la que actuamos en el mundo y opera desde un nivel inconsciente y muy profundo de nuestra psique.

El poeta Robert Bly describe esto de una forma muy hermosa en *El libro de la sombra*, en el que nos presenta el concepto metafórico de una «bolsa de sombra». Imagina que cada uno de nosotros lleva sobre el hombro una bolsa invisible. A medida que crecemos, vamos introduciendo en ella esos aspectos de nosotros mismos que los demás desaprueban o que nos provocan incomodidad: cualidades como la ira, la envidia, la vulnerabilidad, o incluso la alegría y la creatividad. Estas características reprimidas constituyen nuestra «sombra». Con el tiempo, la bolsa se va volviendo cada vez más pesada y va influyendo sobre nuestra conducta y nuestras relaciones.

Como albergamos la sombra en nuestra mente inconsciente, no somos plenamente conscientes de lo que hemos metido en la bolsa, aunque podemos tener la sensación de que, de un modo u otro, no estamos completos. Al trabajar con la sombra abrimos la bolsa, reconocemos su contenido y reintegramos esos aspectos en nuestro yo consciente.

Nuestra sombra alberga nuestras creencias más arraigadas acerca de nosotros, de los demás y del mundo en que vivimos. Esta información dicta nuestra forma de ser, de pensar, de sentir, de comportarnos, de actuar en las relaciones. Refleja nuestra manera de estar en el mundo.

¿Cómo se forma nuestra sombra?

Crear nuestra sombra es una parte esencial de nuestra adaptación al mundo porque, desde el día en que nacemos, escondemos en ella aspectos tanto positivos como negativos de nosotros mismos. Podría tratarse de la ira, la emotividad, el egoísmo, el altruismo, cierta actitud juguetona, el sentido del humor, la capacidad de pasárnoslo bien, la creatividad, el amor, la conexión… Una lista interminable de energías y cualidades.

Cuando somos bebés, la sombra que creamos es el resultado de las acciones y conductas de nuestros padres o cuidadores. En la infancia entran muchos factores en juego, como el comportamiento de los hermanos, de otros familiares, maestros y grupos de amigos, así como la influencia de las redes sociales, la cultura y las expectativas de la sociedad en su conjunto.

Recibimos constantemente mensajes de los demás, no solo a través de las palabras pronunciadas en voz alta, sino también mediante las expresiones, los actos e incluso la falta de acción. Los mensajes negativos nos trasmiten que hay algo de nosotros que la familia y la sociedad en la que vivimos no aceptan o desean. En respuesta, lo negamos y reprimimos de manera subconsciente, y lo metemos en nuestra sombra. Podríamos recibir estos mensajes como consecuencia de un único acontecimiento repentino que nos conmocione, pero también como un lento goteo de indicios y aprendizaje gradual.

Reflexiona sobre los tres ejemplos siguientes:

- Si en la niñez nos decían que no debíamos enojarnos, tal vez hayamos reprimido nuestro enfado y lo hayamos introducido en la sombra. Quizá hayamos crecido con la convicción de que no somos personas iracundas cuando, en realidad, hemos negado nuestra ira.

- Si siempre nos decían que debíamos estar callados, tal vez hayamos introducido en la sombra nuestra capacidad para expresar nuestras necesidades (y nuestras habilidades esenciales de comunicación) y hayamos crecido con la convicción de que no somos capaces de comunicar abiertamente lo que precisamos.

- Si en el colegio hicimos un esfuerzo para pintar o escribir algo original y nos dijeron que eso no valía para nada o que no tenía el aspecto que correspondía, quizá hayamos interiorizado el mensaje de que no somos suficientemente creativos, talentosos o inteligentes. Esa creencia sobre nosotros mismos habrá quedado guardada en nuestra sombra.

¿Cómo afecta la sombra a nuestra vida?

¿Qué sucede con todo eso que hemos embutido en nuestra bolsa de sombra? Porque no se limita a quedarse allí descansando tranquilamente.

A medida que vamos madurando y llegamos a la edad adulta, descubrimos que lo que hemos metido en nuestra sombra influye sobre nuestra forma de pensar y actuar. Puede manifestarse como problemas en nuestras relaciones o en nuestro trabajo, o sencillamente provocar que no nos sintamos bien con nosotros mismos. Las respuestas de la sombra a las situaciones de la infancia fueron apropiadas en aquel momento y sin duda nos mantuvieron seguros, pero quizá no lo sean ahora que somos adultos y puedan estar impidiéndonos avanzar de una forma u otra.

Si tomamos el ejemplo de nuestra ira en la sombra, colocada ahí como respuesta a la presión de no mostrar el enfado en la niñez, podemos descubrir que no somos capaces de enfadarnos cuando necesitamos hacerlo o que no logramos defender nuestras posturas. Sin embargo, cuando nos calientan demasiado, podemos explotar de ira o mostrar una actitud pasivo-agresiva o manipuladora para salirnos con la nuestra.

¿Por qué debemos trabajar con la sombra?

Cuando trabajamos con nuestra sombra, adquirimos más conciencia de aquellas partes de nosotros que habíamos escondido. Al traerla a nuestra percepción consciente, empezamos a entendernos mejor a nosotros mismos, lo que nos ofrece una oportunidad de cambiar nuestro pensamiento o nuestro comportamiento.

Siete beneficios de trabajar con tu sombra:

- Una mayor confianza y autoestima.

Tal vez creamos que no somos suficientemente buenos. Al trabajar con nuestra sombra, entendemos de dónde puede provenir este mensaje interior, aprendemos a vernos con más claridad y nos aceptamos más a nosotros mismos.

- Una mayor capacidad para tomar decisiones.

Los pensamientos y emociones conflictivos (impulsados a menudo por energías y creencias sombrías) pueden suponer una traba a la hora de tomar decisiones, sobre todo cuando estamos sometidos a tensión. Trabajar con la sombra puede ayudarnos a decidir de manera consciente no acatarlos, o a adquirir un punto de vista más equilibrado que nos permita actuar desde una posición de mayor madurez.

- Un incremento de la creatividad.

Los aspectos positivos de nosotros mismos que metemos en la sombra —la inventiva, la creatividad, la capacidad de pensar de manera heterodoxa— son también muy importantes. Estos atributos buenos y positivos que hemos negado y reprimido son lo que denominamos nuestra «Sombra Dorada». Reconocerla e integrar dichas energías positivas que habían estado reprimidas puede permitirnos entender y asumir todo nuestro potencial.

- Mejores relaciones con otras personas.

Las proyecciones inconscientes que realizamos sobre otras personas influyen en nuestras relaciones porque vemos a los demás a través del filtro de nuestra sombra, no como realmente son. Comprender dichas proyecciones y domesticarlas nos ayuda no solo a ver a los otros tal y como son, sino también a volvernos más auténticos.

Cuando aprendes a aceptarte y amarte plenamente, logras aceptar y amar plenamente a los demás.

- Una mayor autoaceptación.

Si albergamos en la sombra partes de nosotros que nos odian y nos critican, es imposible que nos aceptemos y nos amemos. Al trabajar con ella para adquirir conciencia de estas partes, aprendemos a admitirlas y a eliminar la influencia que puedan tener sobre nosotros, y eso nos conduce a la paz de la autoaceptación completa.

- Un mayor bienestar general.

Las energías y emociones negativas que reprimimos en la sombra pueden asomar en cualquier parte del cuerpo en forma de malestar y dolor, o de cualquier otra dolencia o problema físico que aparezca sin que exista ninguna causa aparente. Trabajar con la sombra puede liberar la energía negativa y ayudarte a sentirte mejor en general.

- Una mayor compasión.

Al trabajar con la sombra tenemos menos probabilidades de que los rasgos de personalidad y las conductas de otras personas nos hagan saltar. Esto, a su vez, puede ayudarnos a sentirnos más compasivos y a desechar los resentimientos amargos y los sentimientos dolorosos.

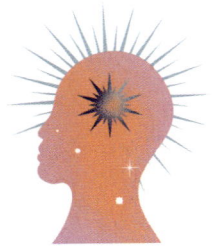

¿Cómo sé lo que hay en mi sombra?

Por propia definición, no somos conscientes de lo que albergamos en la sombra, es decir, no tenemos conciencia directa de ello. Sin embargo, nuestra sombra nos deja pistas para que las sigamos. He aquí algunas formas de averiguar lo que podrías tener ahí guardado.

¿Qué es lo que juzgo en los demás?

¿Qué rasgos y cualidades de los otros te irritan o molestan realmente o te hacen enfadar? Las cosas que juzgas en los demás podrían estar indicando un aspecto de ti mismo que has negado y reprimido.

Por ejemplo:

De niño solían reprenderte por ser demasiado alborotador; es posible que te dijeran que eras excesivamente engreído. En consecuencia, metiste en la sombra tu capacidad de brillar y de lucirte. Ya de adulto descubres que te molesta mucho la gente que, en tu opinión, es presumida y ruidosa; sin embargo, notas que a otras personas eso no les fastidia tanto. Tu reacción refleja tu creencia de que esta conducta no es aceptable. Cuando te das cuenta de ello, disminuyen tus probabilidades de juzgar a otros por esta característica y es muy posible que sientas más confianza en ti mismo.

¿Qué admiro en otras personas?

¿Por qué pones a otros en un pedestal? ¿Alguna vez has deseado tener esas mismas cualidades? Si así fuera, es posible que hayas metido esos aspectos de ti mismo en tu Sombra Dorada (véase la página 85).

Si admiras a alguien que es capaz de hablar ante un gran auditorio y crees que te gustaría ser así, hay bastantes probabilidades de que hayas metido esta capacidad en tu Sombra Dorada. Quizá de pequeño, en casa o en el colegio, no te escucharon cuando intentaste expresarte. Tu reacción inconsciente fue relegar esa habilidad a la sombra. Tal vez te dijiste a ti mismo que jamás conseguirías hacer eso o que no eras suficientemente bueno. Identificar estos mensajes negativos puede ayudarte a superar esa creencia y a dar los primeros pasos para hablar en público.

¿Qué me hace estallar?

Cuando actuamos desde nuestra sombra, es como si estuviéramos controlados por unas fuerzas invisibles exteriores. Y en cierto sentido, es así. Nos gobiernan unas energías de sombra de las que, en líneas generales, no somos conscientes y que somos incapaces de controlar, pero que pueden asomar de repente en respuesta a interacciones o acontecimientos.

Algo te provoca una respuesta emocional inmediata de ira o miedo. Más tarde te das cuenta de que tu respuesta fue desproporcionada, ajena a ti, en desacuerdo con tu carácter. Tienes la sensación de que no pudiste evitarlo, de que no tenías control sobre ello, lo que puede resultar desestabilizador. Es probable que, en el pasado, hayas respondido de esta misma forma ante sucesos parecidos, lo que habrá dado lugar a un patrón histórico; identificarlo te ayudará a evitar estallidos en el futuro.

¿Qué hago de manera compulsiva?

¿Cuáles son tus conductas compulsivas? ¿Tienes alguna que se haya convertido en una adicción? En la comunidad de trabajo de sombras, creemos que las conductas compulsivas o adictivas son un síntoma de una necesidad reprimida de conexión, atención o consuelo que no fue atendida en nuestra infancia. Son una respuesta tranquilizadora al dolor de un trauma infantil.

Conductas muy conocidas que encajan en esta categoría son beber, fumar, comer en exceso o consumir drogas, pero también puedes limpiar de manera compulsiva o comprobar seis veces que has echado los dos cerrojos a la puerta antes de acostarte… Todas esas cosas que haces de manera repetitiva y que no puedes detener ni controlar. Explorar tu sombra y afrontar este dolor o esta ausencia puede ser un paso muy útil para abordar la adicción o la conducta compulsiva.

¿Qué siento en mi cuerpo?

Muy a menudo, nuestro rostro y nuestro lenguaje corporal traicionan nuestros sentimientos desconocidos, pero es muy posible que no tengamos ninguna conciencia de ello hasta que otra persona se da cuenta y lo comenta.

Alguien podría decirte de pasada «Anímate, es muy posible que eso no llegue a suceder» y que tú no seas consciente de que tu rostro y tu lenguaje corporal han indicado que te sientes triste. Los sentimientos y emociones que están reprimidos en nuestra sombra pueden aparecer a menudo como un síntoma corporal: un dolor, una tensión, una sensación de hormigueo… Pueden manifestarse de muchas formas distintas. Estos síntomas se alivian a menudo cuando sacamos a la luz las energías de sombra que se esconden tras ellos.

EJERCICIO
¿Qué hay en tu sombra?

En las páginas siguientes aprenderás a
llevar un diario, una herramienta muy útil.
En él deberás explorar qué podría haber
en tu sombra, y para ello utilizarás las
siguientes sugerencias. Debes permanecer
abierto, curioso y honesto contigo mismo.
No resulta fácil reconocer en nosotros unas
cualidades de sombra que hemos negado, a
veces durante décadas. Al principio puedes
tener la sensación de que solo se revelan unas
pocas de tus sombras más evidentes, pero
si continúas con tu proceso de trabajo y vas
adquiriendo más conciencia,
irán apareciendo otras.

- Céntrate en personas a las que criticas o que no te gustan. ¿Qué cualidades o características suyas te molestan? ¿Alguna vez te has comportado, ahora o en el pasado, de la misma forma? ¿Qué opinión tienes de ti mismo con respecto a estas conductas? ¿Es posible que las hayas metido en tu sombra? Si así fuera, ¿qué experiencia infantil te empujó a hacerlo?

- Piensa en alguien a quien admires o envidies. ¿Qué cualidades o características suyas te provocan esa admiración o esa envidia? ¿Qué opinión tienes de ti mismo con respecto a estas conductas? ¿Es posible que las hayas metido en tu sombra? Si así fuera, ¿qué experiencia infantil te empujó a hacerlo?

- Recuerda la última vez que estallaste con una reacción emocional. ¿Qué sucedió para provocarla? Echando la vista atrás, ¿fue una reacción desproporcionada? ¿Qué sensaciones te produce tu forma de reaccionar? ¿Consideras que no se correspondía con tu forma de ser? ¿Tuviste control sobre tus emociones? ¿Es posible que hayas metido esa conducta en tu sombra? Si así fuera, ¿qué experiencia infantil te empujó a hacerlo?

- ¿Puedes identificar alguna conducta compulsiva o alguna adicción que tengas? ¿Qué efecto producen en tu vida? ¿Has intentado controlarlas? Si así fuera, ¿cuánto te cuesta hacerlo? ¿Cómo podría esta conducta estar tranquilizándote y qué dolor infantil podría estar calmando?

Trabaja
con tu sombra

*Vemos el mundo no como es,
sino como somos nosotros.*

STEPHEN COVEY,
ANAÏS NIN *ET AL.*

Herramientas para trabajar con tu sombra

Aquí tienes algunas herramientas útiles que puedes utilizar para acceder a tu sombra y trabajar con ella. Como sucede con cualquier tipo de herramienta, hace falta práctica para poder usarla bien. En todos los casos, prepara un espacio en el que puedas estar solo y cómodo. Quizá no te resulte fácil emplearlas todas al principio, pero experimenta y usa aquellas que te funcionen y de una forma que te resulte apropiada.

Llevar un diario

Escribir con regularidad en un diario es una técnica eficaz para reflexionar sobre uno mismo. Anota todas las emociones que estés sintiendo, cualquier sensación que tengas en el cuerpo, un suceso que haya desencadenado esas emociones y sensaciones, tus pensamientos en respuesta a ellas, cada cosa por la que te sientas agradecido, todos los planes u objetivos para la jornada. En los ejercicios que se incluyen en este libro te doy pistas para crear tu diario. No son preguntas que *tengas* que contestar, sino solo indicaciones para dirigir tu pensamiento y tus reflexiones hacia ti mismo.

Meditación

En nuestra vida diaria podemos tener la mente muy ocupada con un denso tráfico de pensamientos que se mueven a toda velocidad. La meditación es una técnica poderosa para ralentizarla y adquirir más conciencia de lo que estamos pensando. El cultivo de esta práctica puede ayudarnos a tomar nota de ello mentalmente y a hacernos más conscientes de la influencia que ejerce nuestra sombra en nuestro pensamiento.

Visualización

Imaginarte en una situación que deseas y seguir mentalmente un relato o un proceso para llegar a eso es una forma potente de explorar distintos aspectos de ti. Algunas personas se decantan por ello más que otras, pero si puedes asumir y practicar la visualización, no solo lograrás revelar tu sombra, sino también traer sanación para aquellas partes de ti que la necesitan.

Establece tu intención

El trabajo de sombras resulta más eficaz
cuando has identificado una buena razón
para emprenderlo. Por ello, antes de explorar
tu sombra, piensa en lo que te gustaría
conseguir. Coge tu diario y escribe una frase
de intención. Puede ser como quieras, pero
resulta útil seguir una estructura
en dos partes:

- Identifica qué es lo que quieres cambiar o
  comprender acerca de ti en este momento de
  tu vida: «Quiero…».
- Describe cómo afectaría este cambio a tu vida
  ahora y en el futuro: «… para así poder…».

Trabajar con partes de nosotros mismos

En el trabajo de sombras, utilizamos la idea de que estamos compuestos por muchas partes psicológicas.

Esta idea se basa en entender que nuestra personalidad no es una entidad única y unificada, sino más bien un complejo sistema de distintas subpersonalidades, cada una de las cuales posee sus propios puntos de vista, sus sentimientos, sus recuerdos y sus motivaciones.

Esto puede resultar muy confuso, puesto que a menudo las distintas partes pueden manifestarse dentro de nosotros de formas diferentes. En ocasiones podemos pensar, actuar, caminar o hablar de una forma distinta, o incluso mostrarnos como nosotros mismos a otras edades. Reconocer y escuchar atentamente estas actitudes puede conducirnos a nuestra sombra.

Escucha a las distintas partes de ti

A menudo pensamos y hablamos sin darnos cuenta de que estamos considerando una cuestión de dos formas distintas. Aquí tienes un ejercicio sencillo para empezar a identificar esos diferentes aspectos de ti. Abórdalo con curiosidad y compasión.

Si encuentras resistencia o miedo, o ves que surge un juicio o una crítica, limítate a reconocerlo e intenta aceptarlo como una simple parte temerosa o crítica de ti. Escucha atentamente a esa parte temerosa porque podría significar que este ejercicio no es apropiado para ti en este momento.

Se necesita práctica para poder identificar distintas partes de ti. Algunos días, o con determinados asuntos, unas pueden hablar más alto que otras.

- Siéntate en un lugar cómodo y tranquilo donde no te vayan a molestar.
- Respira hondo y despacio unas cuantas veces para relajar el cuerpo y la mente.
- Piensa en algún asunto reciente que te provoque un cierto conflicto interno o una emoción.
- Intenta identificar las distintas partes de ti que tienen ideas o sentimientos independientes acerca de ese tema. Por ejemplo, puedes sentirte excitado y asustado al mismo tiempo. Una parte podría querer seguir una línea de actuación concreta y otra podría querer hacer todo lo contrario.
- Escribe en tu diario una nota simple de las partes que observes.

Caracterizar determinadas partes de nosotros mismos

En el trabajo de sombras utilizamos símbolos para representar y caracterizar las distintas partes de nosotros. Cuando hemos identificado una concreta, podemos emplear algo que la represente. Puede ser cualquier cosa (un peluche, un adorno, una prenda de ropa…), siempre y cuando te parezca adecuada.

También puede resultar útil colocar estos símbolos en un espacio concreto para ellos. Puede ser cualquier superficie: una alfombra, una zona específica del suelo, una mesa, una cama. Mientras puedas ponerlos allí, da lo mismo. Experimenta y observa qué es lo que mejor te funciona.

Cuando quieras trabajar con una parte concreta de ti, trata de entrar en ella y habitar su energía. Para ello, puedes coger el objeto que la simboliza o ponerte esa pieza de ropa. Deja que todas las demás partes se difuminen y habita plenamente la energía que estás explorando. Para conseguirlo, puede resultarte útil cerrar los ojos.

EJERCICIO
Habla desde las emociones

Existen partes de nosotros que pueden representar algunas de las emociones principales: la pena, la ira, el miedo y la alegría. La pena abarca la tristeza en diversos grados, la ira incluye el hecho de sentirse molesto o irritado, el miedo engloba la ansiedad, y la alegría contiene la felicidad y el contento. En el trabajo de sombras consideramos la vergüenza y la culpabilidad como miedos. La vergüenza es el miedo a estar equivocados o a no ser buenos en algo, mientras que la culpabilidad es el miedo a haber perjudicado a otras personas.

Piensa en un asunto o acontecimiento reciente que te haya perturbado de algún modo. Escribe una o dos frases desde las distintas partes de ti tal y como se indica a continuación.

- Desde cualquier parte que sienta tristeza.
- Desde cualquier parte que sienta ira.
- Desde cualquier parte que sienta miedo.
- Desde cualquier parte que sienta vergüenza o culpabilidad.
- Desde cualquier parte que sienta alegría.
- ¿Qué partes son las que hablan más alto?
- ¿Qué partes son las que hablan más bajo?
- ¿A qué partes te gustaría oír menos?
- ¿A qué partes te gustaría oír más?

Proyección
y transferencia

Proyección

La proyección es un mecanismo psicológico inconsciente mediante el cual atribuimos a otra persona las emociones, creencias, impulsos y pensamientos que hemos reprimido y guardado en nuestra sombra. Es un mecanismo de defensa: nos defendemos contra esos sentimientos no deseados negándolos e introduciéndolos en la sombra. Sin embargo, no permanecen ocultos de manera indefinida, sino que los exteriorizamos cuando los proyectamos inconscientemente.

Estamos siempre viendo en otros lo que no podemos ver en nosotros mismos. Sin embargo, esto puede ser una distorsión de la realidad porque, si vemos a los demás a través de la lente nublada de nuestra propia sombra, no los percibimos como realmente son. El trabajo de sombras puede ayudarnos a mejorar nuestras relaciones porque elimina la sombra que está oscureciendo nuestra visión de otras personas.

La proyección de nuestra sombra en otros tiene unas implicaciones muy importantes en nuestras relaciones porque puede dar lugar a malentendidos y conflictos. Si eres capaz de permanecer abierto y ser honesto al plantearte preguntas a ti mismo, detectar lo que estás proyectando en otros es una pista acerca de lo que has guardado en la sombra.

Transferencia

La transferencia es una forma concreta de proyección en la que, de manera inconsciente, vemos a otra persona como una figura significativa de nuestro pasado (suele ser un progenitor o un miembro de la familia, pero también puede tratarse de cualquier persona) y reaccionamos ante ella desde el presente como si fuese esa figura histórica. Por ejemplo, un hombre puede ver grandes elementos de su madre en su novia. La está viendo de este modo porque está proyectando y transfiriendo esos elementos de su madre. Con independencia de si estas características percibidas son aspectos positivos o negativos, es evidente que esta transferencia puede provocar dificultades en su relación.

Comprende
tu proyección

Piensa en una persona con la que tengas un
problema o un conflicto en estos momentos.
Puede ser que te haya molestado o enfadado por
algún motivo y que la relación con ella
se haya vuelto problemática.

- Elige un símbolo (por ejemplo, una prenda de ropa de
  un color determinado) que la represente y colócalo
  en un espacio en el que puedas sentarte. Sirve cualquier sitio que te resulte adecuado.
- Acomódate en tu asiento y piensa en los mensajes
  que recibes de esta persona. No me estoy refiriendo a
  las palabras que te haya dicho, sino a lo que sientes
  cuando interactúas con ella. Estos mensajes pueden
  transmitirse sencillamente con una mirada o a través
  del lenguaje corporal. Escríbelos en una hoja grande
  de papel con una letra lo suficientemente clara como
  para poder leerla cuando coloques la hoja en tu lugar
  de trabajo y estés recostado en tu asiento.

- Reformula los mensajes para que revelen algo acerca de ti y escríbelos en el papel. Por ejemplo, si el mensaje que recibiste de la otra persona fue «Soy superior a ti», tu reformulación puede ser «Eres inferior a mí».
- Coloca el papel con los mensajes en el objeto que simboliza a esa persona, acomódate en tu asiento y contémplalo. Observa cómo te sientes. ¿Qué partes de tu cuerpo se activan? ¿Una enfadada, una triste o alguna otra?
- Plantéate las siguientes preguntas: ¿te había enviado antes estos mensajes alguna otra persona? ¿Te dices a ti mismo unos mensajes parecidos o piensas de este modo acerca de ti? ¿Le dices estas cosas a alguna otra persona? ¿Cuándo fue la primera vez que recuerdas haberlos escuchado? ¿Podrían estar viviendo dentro de ti, en tu sombra?
- Reflexiona sobre este ejercicio en tu diario.

Conoce a tu Niño y a tu Adulto interiores

Ya desde el interior del vientre de nuestra madre, nuestras experiencias comienzan a tomar forma y a moldear a la persona en la que nos vamos a convertir.

Conéctate con tu Niño Interior

En el trabajo de sombras utilizamos el término «Niño Interior» para referirnos a esa parte de nosotros que sigue albergando las emociones y sentimientos de nuestra infancia, así como las creencias acerca de nosotros mismos que adoptamos en distintas etapas de nuestro desarrollo.

Como la mayor parte de la sombra se formó en la niñez, conseguir acceder a nuestro Niño Interior y conectarnos con él es una manera muy poderosa de revelar nuestras sombras y de trabajar con ellas. En términos del trabajo de sombras, estamos ocupados llenando nuestra bolsa desde que nacemos hasta que tenemos veintimuchos años, así que puedes tener varios Niños Interiores de distintas edades, como, por ejemplo, un bebé, un adolescente y un adulto joven.

Debes ser consciente de que, al realizar este trabajo, puedes experimentar emociones intensas y desenterrar recuerdos difíciles. Aborda estos ejercicios con precaución, amabilidad y paciencia y busca el apoyo de personas en las que confíes.

Teoría del apego

La teoría del apego fue desarrollada por el psicólogo John Bowlby y explica cómo la relación entre los bebés y sus cuidadores principales conforma el desarrollo emocional y social. Parte de la base de que los niños están biológicamente predispuestos a establecer apegos con sus cuidadores como método de supervivencia.

Un apego seguro en el que los cuidadores responden a las necesidades de un niño y son sensibles a ellas consigue resultados positivos, como resiliencia emocional y relaciones saludables en la edad adulta. Por el contrario, los apegos inseguros, que surgen de una atención poco constante o descuidada, pueden dar como resultado dificultades emocionales y problemas en las relaciones.

La teoría hace hincapié en el papel fundamental que pueden desempeñar las experiencias tempranas con los cuidadores a la hora de conformar la conducta y en el desarrollo de la personalidad del individuo a lo largo de toda su vida.

Anotaciones en tu diario del Niño Interior

Busca un lugar cómodo, cálido y tranquilo en el que no te vayan a molestar. Puede resultarte útil tener una fotografía tuya de niño o un objeto que te recuerde tu infancia. Relájate haciendo unas pocas respiraciones profundas y lentas. Escribe en tu diario utilizando como guía las siguientes indicaciones, pero hazlo libremente. Si lo prefieres, también puedes hablar a las sugerencias y luego resumirlas en tu diario.

- ¿Qué sabes de tu nacimiento y de tus primeros años de vida?
- ¿Cuál es tu recuerdo más lejano?
- ¿Qué te provoca traerlo a tu memoria?
- Lleva a tu mente tus recuerdos infantiles acerca de tu madre, tu padre o tus cuidadores, tanto los malos como los buenos.
- Describe tu conexión con cada una de las personas en las que estés pensando utilizando adjetivos de una sola palabra, como «cercano», «distante», «cariñoso», «angustiado», etc.
- ¿Había algún otro familiar que fuera importante para ti?
- Trae a tu mente otro acontecimiento significativo de tu infancia. ¿Qué edad tenías en ese momento?
- Si tuviste hermanos, ¿cómo era tu relación con ellos?
- ¿Cuál fue tu experiencia escolar en los primeros y en los últimos cursos?
- ¿Cómo fueron tus amistades a lo largo de tu infancia?
- ¿Qué recuerdos significativos tienes de tus años de adolescencia?

Visualización del Niño Interior

Encuentra un lugar tranquilo y cómodo en el que no te vayan a molestar. Siéntate o túmbate en una postura relajada.

Si lo deseas, elige un símbolo que represente a tu Niño Interior. Lo mejor es que sea algo que puedas coger o abrazar mientras estás llevando a cabo la visualización, como un peluche o un almohadón.

- Cierra los ojos y respira hondo unas cuantas veces: inspira lentamente por la nariz, contén la respiración un momento y exhala con suavidad por la boca. Con cada respiración, permite que tu cuerpo se relaje más profundamente.
- Visualiza mentalmente un lugar seguro y apacible. Puede ser algún sitio donde hayas estado, una escena de la naturaleza o cualquier lugar que te resulte seguro y reconfortante. Observa sus detalles: los colores, los sonidos y los olores.

- En este espacio seguro, imagina que aparece tu Niño Interior. Puedes ser tú mismo a una edad concreta o una versión juvenil más general de ti. Observa su aspecto, sus expresiones y su conducta.

- Dedica unos momentos a observarlo simplemente. ¿Cómo te parece que se siente? ¿Está feliz, asustado, curioso? Recuerda que no hay necesidad de forzar una conversación, puesto que el simple hecho de estar presente con tu Niño Interior ya es muy poderoso.

- Si te parece apropiado, puedes preguntarle si quiere algo de ti o si tiene algo que quiera contarte. ¿Qué es lo que más desea? Escucha con el corazón y la mente abiertos. Responde con amabilidad, comprensión y consuelo.

- Puedes visualizarte a ti mismo ofreciéndole un gesto de consuelo, como un abrazo, cogiéndole las manos o sencillamente sentándote junto a él. Déjale claro que está seguro, que le aprecias, le quieres y le valoras.

- Cuando tengas la sensación de que la visualización está completa y de que ha llegado el momento de dejar ir a tu Niño Interior, dale las gracias por haber estado contigo y prométele que volverás con él en otro momento.

- Vuelve a centrar tu atención suavemente en tu entorno actual. Mueve los dedos de las manos y de los pies, respira hondo y abre los ojos.
- Después del ejercicio, es posible que te parezca beneficioso escribir sobre la experiencia en tu diario. Anota todos los sentimientos, percepciones o mensajes que hayan surgido durante la visualización. Escribe lo que crees que tu Niño Interior desea por encima de todo y reflexiona sobre lo que podrías ofrecerle.
- Imagina cómo vive tu Niño Interior dentro de ti. ¿Cómo puedes volver a conectarte con él en el futuro? Ahora que lo has conocido, ¿existe algún símbolo, fotografía, recuerdo o sentimiento al que puedas recurrir para que te ayude a conectarte con él?
- Si eres incapaz de sentir algún tipo de amor o conexión con tu Niño Interior, es posible que haya alguna otra parte de ti que lo esté impidiendo. Podría ser una faceta tuya crítica, temerosa o protectora.

Conéctate
con tu Adulto Interior

Nuestro Adulto Interior es la versión de nosotros que puede actuar de forma responsable en el mundo y que alberga cualidades adultas como la compasión, la calma, la percepción, la sensatez, el cuidado, la sabiduría y la atención. Es nuestro líder interior, sabe quiénes somos y adónde nos dirigimos en nuestra vida. Puede ser un buen progenitor y tomar decisiones conscientes adecuadas, mostrarse lógico y racional. También es la parte de nosotros que es capaz de autorregular las emociones, la que sabe que somos suficientemente talentosos y tiene confianza en nosotros.

En algunas personas, esta parte puede estar subdesarrollada o aletargada, por lo que no tienen acceso a esta fuente interior cuando la necesitan. El Adulto Interior se va desarrollando en nosotros a medida que vamos creciendo, desde que somos bebés, durante la infancia y la adolescencia hasta que llegamos a la edad adulta. Sin embargo, en ese proceso puede resultar herido con mensajes internos, como «No soy suficientemente bueno», «No me ven ni me escuchan» o «Soy malo», que derrumban nuestra fe en nosotros mismos.

Cuando nuestro Adulto Interior está sano y se muestra de un modo pleno en nuestra vida, podemos sentirnos en paz con nosotros mismos y en contacto con nuestra felicidad y nuestra alegría interiores.

En el trabajo de sombras, resulta muy útil y poderoso, ya que podemos utilizarlo para que nos apoye cuando estamos trabajando con aspectos difíciles o dolorosos de nosotros mismos.

Anotaciones en tu diario del Adulto Interior

Este ejercicio con tu diario te ayuda a explorar
cómo puede ser para ti tu Adulto Interior.
Utiliza las sugerencias siguientes como guía.

- Piensa en alguien que encarne las cualidades personales que crees que debe tener un adulto. Puede ser
un miembro de tu familia, un amigo, alguien a quien
admiras o incluso un personaje de ficción.
- ¿Qué cualidades tiene tu Adulto Interior? Es posible
que las hayas metido en tu sombra, así que piensa en
algún momento en el que hayas actuado de una forma adulta. ¿Eres capaz de recordar si te felicitaron
por ello?
- Reflexiona sobre tus objetivos y la forma en la que los
consigues.
- Piensa en un momento en el que tuvieras que tomar
una decisión complicada. ¿Cómo lo abordaste? ¿Qué
te dice eso acerca de tu Adulto Interior?
- Reflexiona sobre tus valores en la vida y la forma en la
que los sigues.

EJERCICIO
Visualización del Adulto Interior

En esta visualización puedes intentar imaginar a tu Adulto Interior, sea cual sea la forma en la que se te aparezca. Puede ser una versión de ti o cualquier otra persona o personaje que te venga a la mente en este ejercicio. Se necesita práctica para desarrollar una conciencia y un sentido de tu Adulto Interior, pero, si consigues hacer crecer esta parte de ti, puede convertirse en un recurso muy potente para tu proceso de trabajo de sombras.

- Busca un lugar tranquilo donde nadie vaya a molestarte.
- Colócate de pie en una postura erguida.
- Haz unas pocas respiraciones profundas y lentas para relajar y calmar tu mente.
- Cierra los ojos si lo deseas, adéntrate en ti mismo y permite que todas tus otras partes desaparezcan.
- Imagina que estás en un lugar grande, como un campo, y que ves en la distancia una figura que se te acerca.
- A medida que se va acercando a ti, lo reconoces como tu yo adulto, o como tu persona adulta ideal. Observa su actitud, cómo va vestido, qué aspecto tiene, las sensaciones que te produce.
- Ahora está de pie justo delante de ti. Percibe su energía y su presencia. Míralo a los ojos y conéctate con él. Intenta percibir todas las cualidades que tiene esta figura.
- Si te sientes capaz de ello, da un paso al frente y adéntrate en tu figura de adulto asimilando su energía y su poder. De lo contrario, permanece simplemente en conexión con tu figura adulta y percibe sus cualidades.
- Siente su energía en tu cuerpo. ¿En qué lugar la notas? ¿Tiene algún color, forma o textura? ¿Está quieta o se mueve?
- Cuando sientas que has hecho todo lo posible para conectarte con esta energía adulta y encarnarla, abre los

ojos y regresa al presente. Observa si todavía eres capaz de retener el sentimiento de tu adulto anclándolo en las sensaciones corporales que has experimentado.

- Reflexiona en tu diario acerca de lo que has obtenido de la experiencia de este ejercicio.

Si no consigues visualizar a tu Adulto Interior, o si recibes una imagen que no te gusta, no pasa nada. Podría ser que tus cualidades de Adulto Interior estén reprimidas en lo más profundo de tu sombra y que todavía no puedas acceder a ellas, así que quizá tengas que trabajar en otros aspectos de tu sombra antes de llegar a desvelarlo. Ten paciencia. Sé amable contigo mismo y reconoce que todo esto forma parte del proceso de aprendizaje.

Explora
tu tristeza
y tu pena

*La pena puede ser tan
dolorosa que a menudo la
reprimimos para intentar
seguir adelante.*

Trabajar con
la tristeza y la pena

Analizar nuestra tristeza y nuestra pena puede resultar una experiencia dolorosa que nos haga sentir muy vulnerables, pero también puede ser sanador ejercitar estas emociones en un lugar seguro. Por tanto, solo debes explorar esta sección si te sientes capaz de ello y si tienes cerca a alguien de confianza que te pueda dar apoyo en caso de necesitarlo.

La pena es nuestra reacción emocional ante la pérdida de alguien a quien estamos apegados o de algo que nos resulta importante. Todos la asociamos con la pérdida de un ser muy querido, pero también la podemos sufrir cuando desaparece cualquier cosa que valoramos mucho. Podemos lamentar la pérdida de un trabajo, de nuestra inocencia infantil, de dinero, de seguridad, etc.

La pena puede acompañar también a todas las emociones principales: a la ira, al miedo y quizá incluso a la alegría. Por ejemplo, si alguien pierde a uno de sus progenitores, puede sentir pena, pero si ese progenitor le había hecho daño cuando era pequeño, también puede tener sentimientos de ira y de miedo. En el trabajo de sombras, nos permitimos —deseamos activamente— reconocer, expresar, aceptar y dar la bienvenida a todas las emociones para que no queden reprimidas en nuestra sombra.

La tristeza es una parte de la pena, así como una reacción al desengaño o al dolor. Es una respuesta natural a situaciones molestas, dañinas o aflictivas. Puede surgir de nuestra sombra cuando la desencadena la situación que estemos viviendo en ese momento. Cuando habitamos la energía de nuestra parte triste, a menudo podemos descubrir que es una parte muy joven y que la raíz de nuestra tristeza está en nuestras experiencias de la infancia.

Pronunciar las palabras de pena que no hemos dicho

Este ejercicio te ofrece la oportunidad de decir directamente al objeto de tu pena todo aquello que desees. Ha sido escrito desde la perspectiva de la pena provocada por la pérdida de una persona, pero también puede utilizarse para cualquier otra aflicción que sientas.

Busca un lugar cómodo y tranquilo donde no vayan a molestarte y donde puedas decir en privado todo lo que necesites.

Puede que te resulte útil emplear un símbolo, o quizá una fotografía, para representar al objeto de tu pena y colocarlo en un espacio de trabajo. Puedes conectarte con la persona durante el ejercicio sosteniendo o tocando el objeto que la representa.

- Relájate con unas cuantas respiraciones profundas y lentas.
- Adéntrate en ti mismo e intenta ponerte en contacto con los sentimientos de pérdida que tengas. A continuación, di sencillamente todo aquello que desees. Intenta hablar directamente al objeto de tu pena, como si esa persona estuviera ahí. Si no encuentras las palabras, empieza con cosas pequeñas: lo que echas de menos de ella, un recuerdo que tengas y cómo lo sentiste en ese momento, lo que te resulta difícil, lo que has perdido. Limítate a permitir que fluyan las palabras. Si te brotan las lágrimas, déjalas fluir.
- Si surgen otras emociones, como ira, miedo o alegría, permite que también esas partes hablen. Podría resultarte útil representarlas con otros símbolos o prendas de ropa.
- Cuando sientas que ya has dicho lo suficiente, dale las gracias por haberte escuchado y despídete.
- Recupera la calma y relájate respirando lentamente. Quizá te apetezca salir de la habitación a tomar un poco el aire antes de guardar los símbolos.
- Reflexiona y escribe en tu diario acerca de esta experiencia.

Trabaja con la tristeza

Este ejercicio te ayuda a conectar con esa parte de ti que siente tristeza para así poder aportarle algo de apoyo. Es básicamente un ejercicio que reproduce la paternidad y te ayuda a prestarte atención y apoyo cuando lo necesitas. Puedes sentirte triste o decepcionado por una situación o un acontecimiento concretos que te hayan sucedido recientemente, pero también puedes sentir tristeza sin saber realmente a qué se debe. En el trabajo de sombras investigamos directamente esa parte de nosotros que siente la tristeza para intentar entender la verdadera raíz de esta y los pensamientos negativos que la acompañan.

Siéntate en un lugar en el que estés cómodo y donde no vayan a molestarte.

- Relájate con unas cuantas respiraciones profundas y lentas inspirando por la nariz y exhalando por la boca.
- Trae a tu mente una situación que te provoque tristeza.
- Representa la parte de ti que se siente triste con un símbolo apropiado, como una prenda de ropa, y colócalo en tu espacio de trabajo. Resulta muy apropiado un peluche o un almohadón, algo que puedas abrazar.
- Conéctate con tu parte triste sosteniendo el símbolo y deja que todas las demás partes se desvanezcan. Adéntrate en la energía de esta parte triste. ¿En qué punto del cuerpo sientes la tristeza? ¿Qué quiere decirte tu cuerpo? ¿Te quieres tumbar o acurrucar? Haz aquello que tu cuerpo quiera hacer.
- Permite que tu parte triste hable observando lo vieja que la sientes. ¿Te viene a la mente algún recuerdo temprano triste? ¿Qué necesita en este momento esa parte triste, que es lo que más desea?

- Dedícale el tiempo que necesites, sea mucho o poco.
- Cuando sientas que estás listo, coloca el símbolo representativo en el espacio de trabajo y sal de la energía de esta parte triste.
- Ahora que has salido de ella, puedes darle apoyo y consuelo. Para ello, intenta conectarte con la energía y la compasión de tu Adulto Interior (véase la página 48).
- Coge el símbolo que representa a esa parte triste de ti desde la perspectiva de tu Adulto Interior. Sostenlo, abrázalo de una forma adecuada y consoladora.
- Sabiendo lo que esta parte triste necesita de ti, háblale y dile aquello que necesita escuchar. Tómate tu tiempo y conéctate de verdad con ella, apóyala y mímala.
- Cuando sientas que estás preparado para terminar el ejercicio, deposita el objeto que representa la parte triste en el espacio de trabajo. Regresa al presente y a tu ser completo con todas tus diferentes partes.
- Reflexiona sobre este ejercicio en tu diario. ¿Cómo te sientes ahora?

Comprende
tu ira

---

*Aferrarse a la ira es como
coger un carbón al rojo para
lanzárselo a otra persona; tú
eres el que se va a quemar.*

BUDA

Trabajar con la sombra de la ira

La ira es una emoción compleja que a menudo se percibe como negativa. Muchos de nosotros perdemos el contacto con ella y la reprimimos en nuestra sombra. De este modo, podemos considerarnos personas tranquilas que no se enfadan y luego actuar de una forma pasivo-agresiva. También podemos tener problemas para establecer y mantener nuestros límites y a menudo darnos cuenta de que se están aprovechando de nosotros. Alternativamente, muchos podemos también perder el control sobre nuestra ira y observar que brota de repente convertida en rabia cuando nos provocan.

Límites personales

Los límites personales ayudan a definir lo que somos como individuos y distinguen nuestros pensamientos, sentimientos y necesidades de los de los demás. Nos permiten protegernos para evitar sentirnos abrumados por las necesidades emocionales de otras personas y nos ayudan a valorar, respetar y poner por delante nuestras propias necesidades y sentimientos. Nos ayudan a crear unas relaciones respetuosas y gratificantes porque permiten una comunicación clara y auténtica. En conjunto, son esenciales para nuestro desarrollo y para nuestra propia autoestima.

La emoción de la ira puede resultar muy útil para ayudarnos a identificar cuándo necesitamos establecer límites. Sentirnos enfadados es señal de que nuestros límites han sido traspasados. La ira tiene mucho poder, pero al brotar de nuestra sombra de una forma descontrolada, puede resultar dañina. Cuando se reprime de un modo tan eficaz que no se muestra externamente, puede volverse contra nosotros en nuestro interior y hacer que nos sintamos mal o avergonzados e, incluso, dar lugar a conductas autolesivas. En el trabajo de sombras nos ocupamos de la ira intentando conectarnos con ella y comprenderla de una forma segura.

Anotaciones sobre la ira en tu diario

Explora tu relación con la ira utilizando las siguientes sugerencias como guía. Cuando la entiendas podrás emplear de forma consciente su poder para establecer tus límites de una manera limpia y asertiva.

- ¿Te enfadas? Si es así, ¿qué es lo que te provoca esos enfados?
- ¿Te han descrito, en ocasiones, como alguien iracundo?
- ¿Cómo ha afectado la ira a tu vida o cómo lo ha hecho tu falta de ira?
- ¿Tienes límites personales en tu vida? Considera qué es lo que te resulta inaceptable.
- ¿A quién puedes decir que NO? ¿A quién no puedes decir que NO y por qué?

EJERCICIO
Conéctate con tu ira

Para poder comprender tu ira, es importante que te pongas en contacto con esta emoción y sientas su poder y su energía. Este ejercicio te ofrece la oportunidad de sacarla a la luz en un espacio seguro, sin que tenga ninguna consecuencia en la vida real.

Busca un lugar privado y tranquilo en el que no vayan a molestarte y un momento en el que nadie te vaya a escuchar. En este ejercicio es posible que te entren ganas de gritar y hacer un montón de ruido.

- Elige alguna cosa o prenda de ropa que represente a la persona con la que estás enfadado y siéntate delante de ella.
- Piensa en esa persona y tráela a tu mente.
- Ponte de pie y «entra» en el ejercicio: habita la energía de esta parte enfadada de ti.
- Mirando al objeto que simboliza a la persona, piensa en lo que hizo para enfadarte. Piensa en lo que te hizo sentir. ¿Por qué te molestó? ¿Cómo de enfadado estás?
- Habla a esa persona y hazle saber tus sentimientos acerca de lo que hizo. No te retengas; puedes gritar, patalear, levantar el puño… Date permiso para alterarte de verdad.
- Cuando hayas sacado de tu organismo todo lo que necesitabas decir y estés seguro de que la persona ha escuchado y comprendido lo enfadado que es-

tás, deja de hablar. Deposita el objeto que la simboliza y apártate de él.

- Céntrate en tu interior y siente la energía de tu cuerpo. ¿En qué parte la percibes? ¿Tiene algún color, forma o textura? ¿Percibes lo que quiere para ti o la forma en la que desea servirte?

Si durante este ejercicio has descubierto que no puedes enfadarte con el objeto de tu ira, plantéate las siguientes preguntas para saber si existe algún bloqueo que te lo impida:

- ¿Qué riesgos te presenta tu ira?
- ¿Hay alguna parte del objeto de tu ira que ames y a la que no quieras hacer daño?
- ¿Tiene el objeto de tu ira más poder que tú en esta situación?
- ¿Crees que necesitas apoyo para defender tu postura? ¿Cómo podrías obtenerlo?

EJERCICIO
Establece límites

Aquí tienes una forma de practicar cómo
utilizar tu poder para establecer un límite con
alguien. Si conseguiste acceder a tu ira en el
ejercicio anterior, entonces puedes conectarte
con esa energía recordando las sensaciones que
provocaba en tu cuerpo y su color, su forma
y su textura. Incluso en el caso de que no
lograras hacerlo, puedes practicar la manera
de establecer un límite de forma asertiva.

Siéntate en un lugar tranquilo y cómodo. Relájate en ese
espacio con unas respiraciones profundas y lentas.

- Elige una prenda de ropa o algún objeto que represente a la persona con la que quieres establecer
un límite y ponlo en el espacio de trabajo. Elige la
distancia a la que colocarte que te parezca más
apropiada.
- Piensa en la persona a la que te gustaría poner un
límite. ¿Cuál le pondrías? Intenta basarte en los

hechos para que haya menos oportunidades de discutir. Además, te debes centrar en una sola conducta cada vez, porque es posible que tengas que establecer varios límites.

- En una hoja de papel en blanco, escribe el límite que quieres poner siguiendo este formato: «No me parece bien que tú…». Esta es una forma clara de expresar tus necesidades.

- Practica la verbalización de este límite dirigiéndote al objeto que simboliza a la persona y repitiendo las palabras que has escrito.

- Ahora piensa en lo enfadado o molesto que te sentías con la otra persona e intenta ponerte en contacto con la ira que te invadía. Observa en qué parte del cuerpo sientes su energía y su poder recordando su color, su forma y su textura. Intenta acceder a esa energía y a ese poder y utilízalos para transmitir tu mensaje. Repite tu frase para establecer límites utilizando tu poder. Pronúnciala con control, fuerza y determinación, pero sin levantar la voz.

- Repite tu frase unas cuantas veces intentando controlar y utilizar el poder y la energía que se han despertado en ti. Observa qué sensaciones te produce decir esto en voz alta.

Quizá descubras que eres incapaz de expresar tu límite a la otra persona, que hay algo que te lo está impidiendo. En ese caso, plantéate las siguientes preguntas:

- ¿Supone para ti un riesgo decir todo esto?
- ¿Hay alguna parte de la persona con la que quieres establecer límites que amas y a la que no quieres hacer daño?
- ¿Tiene la persona con la que quieres establecer límites más poder que tú en esta situación?
- ¿Necesitas apoyo para defenderte ante la otra persona? ¿Cómo podrías obtenerlo?

Explora tus miedos y ansiedades

Un hombre que huye de su miedo puede descubrir que no ha hecho más que tomar un atajo para encontrarlo.

J. R. R. TOLKIEN

Trabajar con la ansiedad y el miedo

El miedo es una respuesta emocional a una amenaza concreta y real, aunque quizá tengas la sensación de que la cantidad de miedo que sientes es desproporcionada en relación con la amenaza (por ejemplo, cuando sentimos miedo a las arañas). La ansiedad, por su parte, es una respuesta emocional a una amenaza percibida o imaginada que todavía no ha aparecido. Es posible que la mente consciente no sea capaz de identificar esta amenaza. La ansiedad y el miedo se solapan: la ansiedad puede convertirse en miedo y el miedo puede dar lugar a más ansiedad.

En el trabajo de sombras nos centramos en partes de nosotros que nos provocan una sensación de ansiedad o miedo. Pueden mostrarse como una renuencia a hacer o decir algo o como procrastinación. Es posible que, cuando éramos pequeños, aprendiéramos a comportarnos de este modo para protegernos frente a daños emocionales o incluso físicos. De todas formas, cuando nos hacemos adultos, puede que esta conducta de seguridad de las sombras ya no sea adecuada porque las amenazas que experimentábamos entonces ya no existan. Adquirir conciencia de estas conductas nos ofrece la oportunidad de cambiarlas.

Tu Responsable
de Seguridad Interior

Esta parte de nosotros que nos mantiene seguros es tan importante en el trabajo de sombras que le hemos dado un nombre. Lo llamamos nuestro Responsable de Seguridad. Podemos tener más de uno y pueden ser de diferentes edades. Nos aportan estrategias para mantenernos seguros y responden en el mundo adulto con una conducta aprendida en el mundo infantil.

Si, por ejemplo, un niño ha visto a sus padres gritando y discutiendo a voces y eso le asustó, puede haber adoptado una respuesta de esconderse en lugar de enfrentarse a ellos. Esta es la estrategia del Responsable de Seguridad para abordar esta situación infantil, que queda almacenada en la sombra como respuesta automática ante los enfrentamientos. Cuando llega a la edad adulta, descubre que evita activamente toda confrontación manteniéndose callado y sin intervenir, incluso en situaciones en las que debería decir lo que piensa y ser escuchado.

EJERCICIO

Anotaciones en tu diario acerca del riesgo, el miedo y la ansiedad

Puedes explorar tus ansiedades y tus miedos
en tu diario utilizando las siguientes
sugerencias como guía.

- ¿Qué actitud adopto ante el riesgo?
- ¿Qué me asusta y me provoca ansiedad?
- ¿Soy capaz de recordar el momento más reciente en el que me sentí asustado o angustiado?
- ¿Cómo me protejo y me mantengo seguro en estas situaciones?
- ¿Puedo recordar un momento anterior, quizá de mi infancia, en el que me sintiera asustado o angustiado?
- ¿Qué miedos y ansiedades experimenté durante mi infancia?
- ¿Qué estrategias aprendí en mi infancia para mantenerme seguro?

EJERCICIO

Explora tu parte ansiosa
y temerosa

Reclúyete en un lugar tranquilo donde nadie vaya a
molestarte. Puedes sentarte o quedarte de pie
para empezar este ejercicio.

- Elige un objeto o una prenda de ropa que represente tu parte angustiada o temerosa.
- Trae a tu mente una situación reciente en la que
hayas sentido algo de ansiedad. También puedes
traer a tu mente algo que te asuste.
- Coge el objeto simbólico y entra en la energía de tu
parte ansiosa. Mantén la situación en tu mente y
observa las sensaciones que percibes en tu cuerpo.
- Cuando te sientas conectado con tu parte ansiosa,
plantéate las siguientes preguntas:

1. ¿Qué riesgo ves en esta situación? ¿Qué podría pasar?
2. ¿Qué estás haciendo para protegerte de ese riesgo?
3. ¿Cuál es tu primer recuerdo de una situación en la que te sentiste asustado o ansioso?
4. ¿Qué riesgo corrías en ese momento?
5. ¿Qué hiciste para protegerte de él?
6. ¿Puedes ver algún parecido entre la forma en la que te protegiste entonces y aquella en la que te estás protegiendo ahora?

- Cuando hayas terminado, deposita el objeto que representa la parte ansiosa y sal de su energía.
- Reflexiona en tu diario acerca de lo que te ha parecido este ejercicio, sobre lo que hayas podido aprender acerca de tus ansiedades y miedos y sobre tus formas habituales de protegerte frente a ellos.

También puedes conectarte con tu Adulto Interior (véase la página 48) y observar si esa parte de ti tiene una perspectiva diferente de la situación que te provoca ansiedad. Tu Adulto Interior puede darle algún consejo a tu parte ansiosa y apoyarla y calmarla.

Trabajar
con tu Crítico Interior

Todos tenemos una voz dentro de nosotros que nos juzga y nos critica. En algunas personas puede ser bastante amistosa y criticar de manera constructiva, pero en otras puede ser muy elevada, dura y moralista. Nuestro Crítico Interior es una parte de nosotros que actúa desde la sombra basándose en las creencias acerca de nosotros mismos que tenemos interiorizadas y que adoptamos en nuestra niñez y adolescencia. Puede ser la aceptación de voces externas que escuchamos en los años de desarrollo u otra voz que hayamos generado en nuestro interior en respuesta a situaciones que hemos experimentado.

Nuestro Crítico Interior es la fuente de las cosas negativas que nos decimos a nosotros mismos y de nuestras dudas con respecto a nuestras propias habilidades. Puede generar en nosotros una actitud de perfeccionismo, un miedo al fracaso o a ser juzgado por otros y, en líneas generales, una ansiedad considerable. Además de juzgarnos a nosotros, también puede hacer lo mismo con los demás, con lo que acabamos siendo excesivamente críticos y duros con otras personas.

Tu Acosador

En el trabajo de sombras, el Crítico Interior más alborotador y virulento recibe el nombre de Acosador. No solo nos juzga a nosotros y a los demás con dureza, sino que también desea castigar, en ocasiones de forma muy dura. Esto puede reflejarse en forma de sarcasmo, menosprecio hacia los demás, ridiculización o exclusión, y en otras formas más sutiles de castigar a la gente.

Cuando nuestro Acosador se vuelve hacia dentro y nos castiga a nosotros, puede hacer que no nos preocupemos por nosotros, que no nos permitamos obtener lo que nos merecemos, y puede dar lugar a conductas autolesivas. Por lo general no resulta aceptable en las familias ni en la sociedad y es una parte que a menudo reprimimos y negamos. Sin embargo, esta parte negada del Acosador puede albergar una enorme cantidad de energía. Todas las partes de nuestro ser existen para servirnos de una forma u otra, y el objetivo de la del Acosador es darnos el control y, por tanto, protegernos, pero de una forma muy distinta a la del Responsable de Seguridad.

El Triángulo Dramático

El Triángulo Dramático, conceptualizado por Stephen Karpman, es un modelo psicológico y social que traza el mapa de las interacciones interpersonales disfuncionales. Identifica tres roles: Víctima, Acosador y Rescatador. La Víctima se siente oprimida e impotente, el Acosador se aparece como controlador o crítico y el Rescatador proporciona ayuda o apoyo no solicitados, lo que a menudo favorece la sensación de impotencia de la Víctima. Estos roles son fluidos y los individuos van pasando de uno a otro en las distintas interacciones.

Este modelo se utiliza para comprender dinámicas conflictivas y resalta la forma en la que las personas pueden desempeñar estos roles de manera inconsciente para satisfacer necesidades psicológicas. Reconocer estos patrones y liberarse de ellos puede dar lugar a unas relaciones interpersonales más sanas y empoderadas.

Vergüenza y culpabilidad

La vergüenza y la culpabilidad son emociones complicadas que a menudo se solapan, pero pueden definirse de esta forma: la culpabilidad es un miedo a haber hecho algo malo o equivocado, aunque no seamos malas personas. La vergüenza es el miedo a *ser* malos, a que haya algo en nosotros que está mal. Ambas emociones están basadas en el miedo, y en el trabajo de sombras las vemos como manifestaciones de nuestro Acosador Interior. Cuando sentimos vergüenza, hay una parte de nosotros que se siente avergonzada, pero también otra que es la que está avergonzando.

Es un terreno difícil y vulnerable y exige la colaboración de un terapeuta experto para que mantenga un espacio seguro y te guíe en este trabajo. De todas formas, aquí tienes un ejercicio que puede ayudarte a explorar tu Crítico Interior y tu Acosador.

Anotaciones en tu diario de tu Crítico Interior y tu Acosador

Utiliza estas sugerencias para explorar tu Crítico Interior y tu Acosador.

- ¿Cómo juzgas a los demás?
- ¿Cómo te juzgas a ti mismo?
- ¿Alguna vez te has sentido juzgado en el pasado, quizá durante tu infancia?
- ¿A quién has menospreciado o quién te ha menospreciado en el pasado?
- ¿En qué momentos tiendes a ser sarcástico o cínico?
- ¿Albergas de vez en cuando pensamientos crueles o reivindicadores?
- Cuando eras niño, ¿alguna vez te mostraste cruel o hiriente con otros niños?
- ¿Alguna vez sufriste acoso cuando eras niño?
- ¿De qué aspecto de ti te avergüenzas?

Encuentra la alegría en tu Sombra Dorada

*La felicidad es
un trabajo interior.*

Trabajar con tu Sombra Dorada

A estas alturas podemos tener un conocimiento muy personal de cómo se refleja nuestra sombra en nuestra vida cotidiana y cómo afecta a cada uno de sus aspectos. Hasta ahora, en este pequeño periplo por nuestra sombra, hemos estado explorando sobre todo nuestra tristeza, nuestra ira y nuestro miedo. Todos ellos podrían considerarse aspectos negativos y a menudo asociamos la sombra con ellos.

Sin embargo, también podemos negar y reprimir nuestras partes buenas y positivas en lo que denominamos la Sombra Dorada. El concepto de sombra *positiva* puede parecer contradictorio al principio. Sin embargo, así como podemos reprimir nuestras cualidades indeseables, también podemos esconder nuestros atributos positivos, sobre todo aquellos que en nuestra infancia o en nuestro entorno social no fueron reconocidos o estimulados. Entre ellos pueden incluirse cualidades como la creatividad, la espontaneidad, la alegría, la resiliencia e incluso las habilidades de liderazgo.

¿Por qué escondemos nuestra alegría?

A lo largo de nuestra vida son varios los factores que contribuyen a que perdamos el contacto con nuestro yo alegre. Las expectativas de la sociedad, las presiones familiares o los traumas personales pueden llevarnos a creer que determinados aspectos positivos de nosotros mismos no son aceptables ni valiosos. Podemos haber aprendido que ser demasiado animados, expresivos o creativos no era algo bien recibido. Con el tiempo, estas partes alegres y positivas de nosotros se retiraron a la sombra.

Podemos buscar cosas que nos aporten felicidad y alegría a corto plazo, pero no son duraderas. Pueden ser objetos materiales, como un coche nuevo, ropa nueva, buena comida o más dinero. Existen muchos ejemplos de personas ricas que tienen todo lo que jamás hayan deseado, pero no son realmente felices; la felicidad y la alegría verdaderas proceden de nuestro interior.

Anotaciones en tu diario sobre la alegría

- Trae a tu mente un recuerdo feliz de un momento en el que te sentiste auténticamente alegre y vivo. ¿Cuántos años tenías? Descríbelo.
- Escribe una lista de cosas por las que te sientes agradecido en este momento. Incluye cosas pequeñas como un buen café, un día soleado, etc. Puedes repasarla y revisarla todos los días.
- Reflexiona sobre las personas con cuya compañía disfrutas. ¿Por qué te gusta estar con ellas?
- Piensa en tu lugar favorito, allí donde te sientes más feliz. ¿Por qué te gusta este sitio?
- Echa la vista atrás hacia tu infancia o tu adolescencia. ¿Tenías aficiones o actividades que te entusiasmaban, pero que has abandonado? ¿Por qué te gustaban? ¿Cómo te sentías cuando las practicabas? ¿Qué te parecería reintroducir una de esas aficiones en tu vida en este momento?

Construir tu fe en ti mismo

Es posible que hayas negado y reprimido muchos aspectos positivos de ti, como la capacidad de defender tu postura y expresar tu opinión o la habilidad para practicar un deporte. En el ejercicio «¿Qué hay en mi sombra?» (véase la página 24) analizamos lo que admiramos en otras personas y cómo eso podría indicar un atributo nuestro que ha sido negado y reprimido.

Tal vez albergues la creencia de que no eres suficientemente bueno, ya sea en algo en concreto o en general. Es una idea que aprendiste en tu infancia. Quizá fue el resultado de unos progenitores con unas expectativas altas que te criticaron duramente o puede que provenga de tus profesores, de tu grupo de iguales o de la sociedad en su conjunto.

Puedes reaccionar a esta creencia profunda y a este miedo que albergas en tu sombra de dos maneras. O bien te desinflas y aceptas sencillamente que no eres suficientemente bueno, lo cual da como resultado una autoestima baja y una sensación de fracaso, o te hinchas y te esfuerzas por conseguir el éxito y demostrar a todo el mundo que eres más que bueno. Esto último podría venir acompañado de presión para seguir esforzándote y podrías empezar a creer que siempre existe un listón más alto que alcanzar.

En el trabajo de sombras, nuestro objetivo es aceptar todas nuestras partes, por mucho que las hayamos negado o reprimido. Nos aceptamos como un todo y encontramos la afirmación de que somos «suficientemente buenos» tal y como somos. Cultivamos una profunda compasión por todas nuestras partes y nos convencemos de que todas ellas están intentando servirnos de una forma u otra. Cuando conseguimos un nivel más alto de autoaceptación, también podemos alcanzar un nivel alto de contento, lo que nos da acceso a la felicidad y la alegría interiores.

Meditación para bendecir todas las partes de tu ser

En este ejercicio acogemos todas las partes de nuestro ser. Damos la bienvenida a aquellas con las que nos hemos familiarizado más gracias a los ejercicios de este libro y también a cualquier otra.

Busca un lugar cómodo y tranquilo donde no vayan a molestarte. Quizá te apetezca convertirlo en un lugar más relajante poniendo una luz suave, encendiendo unas velas o escogiendo una música agradable.

- Siéntate en una postura relajada, ya sea en una silla con los pies apoyados en el suelo o sobre un almohadón con las piernas cruzadas. Cierra suavemente los ojos y dedica unos momentos a asentarte en tu espacio.
- Céntrate en tu respiración. Haz respiraciones profundas y lentas inspirando por la nariz y exhalando por la boca. Con cada exhalación, siente que estás cada vez más enraizado y centrado. No fuerces la respiración, deja que el cuerpo la haga de forma natural.
- Observa las sensaciones de tu cuerpo: los puntos de contacto con la silla o con el suelo, el aire sobre tu piel, cualquier tensión o relajación en los músculos.
- Sigue tu respiración natural durante unos minutos. Si te distraes con algún pensamiento, percíbelo y reconócelo, pero regresa suavemente a la respiración.
- Cuando te sientas bien asentado, trae a tu mente cualquier parte de ti que sienta tristeza. Dale la bienvenida e invítala a estar contigo. Sostenla mentalmente con suavidad, amor y compasión.

- Trae a tu mente cualquier parte de ti que sienta ira. Dale la bienvenida e invítala a estar contigo. Muéstrale tu agradecimiento por el trabajo que realiza para protegerte y defenderte.
- Trae a tu mente cualquier parte de ti que sienta miedo. Dale la bienvenida e invítala a estar contigo. Muéstrale tu agradecimiento por su trabajo para mantenerte seguro.
- Trae a tu mente cualquier parte o partes de ti que sientan culpabilidad o vergüenza. Dales la bienvenida e invítalas a estar contigo. Muéstrales tu agradecimiento por las lecciones y las enseñanzas que te aportan.
- Por último, trae a tu mente cualquier parte de ti que sienta alegría. Dale la bienvenida e invítala a estar contigo. Muéstrale tu agradecimiento por toda la diversión y la felicidad que te aporta.
- Trae a tu mente todas las partes de tu persona, dales la bienvenida e invítalas a estar contigo. Muéstrales tu agradecimiento por todo lo que han hecho y todo lo que seguirán haciendo por ti. Dales la bienvenida a todas para formar con ellas todo el conjunto de tu persona.
- Vuelve a centrarte en tu respiración durante unos minutos, abre suavemente los ojos y regresa al espacio en el que te encuentras.

Conclusión

A lo largo de estas páginas hemos ido explorando juntos la naturaleza polifacética de la sombra, desde su formación y su influencia en nuestra vida hasta las diversas formas en las que podemos implicarnos con ella e integrarla.

Nos hemos adentrado en territorios emocionales profundos examinando la tristeza, la pena, la ira, la ansiedad, el miedo y los roles de nuestro Crítico Interior, nuestro Niño Interior, nuestro Adulto Interior, nuestro Acosador y nuestro Responsable de Seguridad y, por encima de todo, hemos descubierto la alegría y los aspectos positivos de nuestra sombra —nuestra Sombra Dorada—, que ilumina el camino hacia un yo más equilibrado y auténtico.

El proceso del trabajo con la sombra no terminará cuando cierres este libro. Es un viaje continuo de autodescubrimiento, autoaceptación y autocompasión. Los ejercicios y las reflexiones que te he presentado son herramientas a las que podemos regresar una y otra vez, haciéndonos siempre un poco más conscientes de nuestra sombra y del efecto que provoca en nuestra vida. Su objetivo es guiarnos mientras continuamos explorando las profundidades de nuestro mundo interior y ayudarnos a afrontar y asumir todas las partes de nuestro ser.

Es posible que quieras continuar tu trabajo de sombras realizando un proceso profundo facilitado por un terapeuta cualificado en este tipo de trabajo que pueda ayudarte a sanar tus heridas emocionales.

Recuerda que el objetivo del trabajo de sombras no es alcanzar un estado de perfección, sino esforzarse por lograr la completitud, que significa reconocer y aceptar todo el abanico de nuestra experiencia humana: la luz y la sombra. Cada paso que das en él te ayuda a iluminar las sombras y a integrar estas partes ocultas en tu vida consciente. Este proceso no siempre resulta fácil, pero tiene recompensas muy profundas.

Mientras vayas avanzando, sé consciente de que asumir tu sombra es un acto muy poderoso de amor hacia ti mismo. Es un proceso que no solo potencia tu propia vida, sino que te permite además aportar más empatía, comprensión y compasión a tus relaciones con los demás. Al hacer este trabajo estás contribuyendo a construir un mundo más consciente, tolerante y pleno.

Lecturas complementarias
y fuentes de consulta

El libro de la sombra, de Robert Bly.

Attached, del Dr. Amir Levine y Rachel Heller.

How to Break Free of the Drama Triangle and Victim Consciousness, de Barry Weinhold y Janae Weinhold.

AT hoy: una nueva introducción al análisis transaccional, de Ian Stewart y Vann Joines.

Warrior, Magician, Lover, King, de Rod Boothroyd.

Página web del autor:

www.richardmartynhealingtheshadow.co.uk

Healing the Shadow:

www.htsorganisation.co.uk

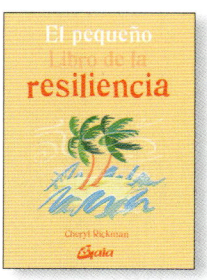

EL PEQUEÑO LIBRO DE LA RESILIENCIA

Cheryl Rickman

Este libro ofrece consejos y herramientas prácticas para desarrollar esta aptitud, y nos explica cómo responder a todo tipo de contratiempos.

EL PEQUEÑO LIBRO DE LA FELICIDAD

Prácticas sencillas para disfrutar de la vida

Miriam Akhtar

Esta guía revela los ingredientes básicos de una vida plena y presenta los 12 hábitos de la felicidad, una serie de actividades prácticas que te ayudarán a alcanzar una felicidad sostenida en tu vida cotidiana.